JN441321

행 복 마 트

우도환 시집

우도환 시집 행복마트

첫판 2쇄 2018년 12월 27일

지은이 우도환

펴낸이 장석홍

펴낸곳 도서출판 장서원

04352 서울 용산구 한강대로 88길

21-5(201호)

전화 703-5362 팩스 797-5362

등록 제 01-01213호

shjang1011@hanmail.net

정가 10,000 원

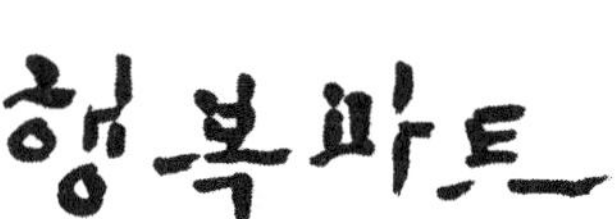

우도환 시집

시인의 말

요즘 들어, 사람이나 짐승이나 다를 것이 별로 없다는 생각이 든다.

보고, 듣고, 먹고, 자고, 배설하고, 생식(生殖) 하고, 늙고...

지금까지 별로 이룬 것이 없다는 자괴감 때문이리라.

어떤 때는 나무가 부럽다. 해마다 열매를 맺어 내놓지 않는가.

이제라도 무심히 지나가는 시간을 잡아 의미를 매기며 살아보려 한다.

가까운 사람부터 그 냄새와 온기를 찾아내 느껴보고 싶다.

그리고 이를 글로 옮겨보려 한다. 비록, 거반이 쭉정이일지라도.

첫 시조집이 너무 늦었다는 강박감에, 설익은 열매를 내는 것 같아 두렵다.

나에게 시조라는 새로운 세계를 열어주신 지성찬 시인님께 감사드린다.

차례

1부 행복마트

2부 꽃밭에서

3부 도시의 농부

4부 잎은 나무가 아니었다

5부 삶과 죽음

1부

행복마트

행복마트

오가는 이웃들과
행복을 나누자고

따뜻한 마음으로
저 가게를 열었겠지

주인은 어디 갔을까
세 놓는다
써놓고

우전차 (雨前茶)

조그만 찻잔에다
따뜻한 물을 붓는다

잠자던 이파리가
파랗게 살아나서

잊었던
봄날의 꿈을
하나 둘 피워낸다

가을 저녁에

라면봉지 사들고
언덕길을 오르는 이

저이는 그렇게라도
주린 배를 달래겠지

내 가슴 가득 자리한 허기는
무엇으로 달래나

퇴직

시간이 많은데도 약속을 못 하겠다
사방은 고요한데 글 한 줄 못 쓰겠다
허허허 겉으로 웃어 빈 가슴을 달랠 뿐

위로를 하지마라 축하도 하지마라
내 귀는 닫혀있고 가슴도 굳어있다
지금은 그냥 놔둬라 이 겨울이 갈 때까지

삼십여 년 조여 왔던 그 현(絃)을 풀어놓고
이제는 쉬어야지 느리게 걸어야지
생각 뿐, 가슴은 따로 평행선을 긋는다

월간지

아직 못 읽었는데 새 달 치가 또 왔다
지난 것 접어두고 새 것을 뒤적인다
그렇게 접어둔 것들이 쌓이고 또 쌓인다

제대로 못썼는데 새 시간이 또 온다
어제를 흘려보내고 오늘에 허둥댄다
그렇게 보낸 시간이 기억나지 않는다

옹이

등이 굽은 할머니가
부처님께 빌고 빈다

안으로 삭인 세월
옹이로 품고서도

누구의
아픔을 또 안아
삭이려고 하는지

아버지

저기 느티나무가
그런 줄 몰랐어요

늘 멀찍이 서 있어
무덤덤한 줄만 알았지

어느 날
한꺼번에 저리
타오를 줄 몰랐어요

아내를 보며

잠든 아내의 얼굴에
세월이 보입니다

코스모스 꽃 속에 웃던
옛 모습을 생각하니

가슴이 먹먹해지고
콧등이 시큰합니다

시간 죽이기

하루라도 더 살려고
그리 애를 쓰면서도

시간 죽이기는 왜
이리도 달콤한지

오늘도
많이 죽였다
애도 쓰지 않고서

봄비

봄비가 촉촉하게
온 동네를 적시네요

목마르던 나무들이
두 손을 흔들고요

박제된 내 어린 시절도
빗속으로 달려요

봄

갓 피어난 이파리
실바람에 찰랑찰랑

나비 쫓는 아이의
발걸음이 살랑살랑

할머니,
툇마루에 앉아
그리움에 그렁그렁

노인과 봄

이제는 볼 수 없다
노오란 유채꽃을

다리를 절며 끌며
흙 범벅으로 웃으시던

노인이 떠난 밭에는
잡초만 어지럽다

가을이 오는 법

아파트 출입구에 낙엽이 몇 장 들었네
창문을 두드린 것은 소슬바람 그였나 봐
갑자기 오신 손님에 가슴은 이리 휑하고

서쪽으로 이운 햇살 노을로 서성이네
나그네의 발걸음은 점점 더 더뎌지고
풀벌레 노래를 듣네 봄여름 내 잊었던

가을 나무

노오란 나뭇잎이 우수수 떨어진다
봄날의 설렘과 뜨거웠던 여름날을
단숨에 지워 버리고 홀가분히 서 있다

이브 몽땅의 고엽(枯葉)을 듣고 또 듣는다
봄날의 설렘과 뜨거웠던 여름날을
이리도 지우지 못한다, 가슴이 아릿하다

말랑말랑

나이가 들수록
핏줄은 더 좁아들고

뼈마디는 점점 더
뻣뻣해지더라도

머리는
더 말랑말랑,
그러면 참 좋겠다

2부

꽃밭에서

꽃밭에서

채송화 백일홍에
분꽃에 맨드라미

수수한 모습에다
향기랄 것도 없지만

넌지시
건네는 미소에
어머니가 보인다

도라지꽃

꽃잎은 다섯 갈래
그만큼 우리형제

아릿한 눈물은
갈래마다 배어들어

어머니,
보랏빛 별로 피었네
이 하얀 여름 낮에

오솔길

아니었다 그 길은
늘 보던 그런 길이

길섶에 작은 풀꽃
감아 도는 길머리

옆에서 돌아다보니
친구처럼 반긴다

진달래꽃

앞산에 간 아이가
봄소식을 안고 오면

어머니의 가슴에는
분홍 꽃물이 배였다

이 계절
말라버린 외로움
무엇으로 적실까

산길

온 산에
흰 눈이 내려
길까지도 덮였는데

누구일까?
산 친구가
발자국을 찍고 갔네

반갑다,
너희도 이 길을
다녔었나 보구나

밤나무

무심히 걷는 길에
밤톨을 툭 던지는 너

올해도 어김없이
큰일을 해 냈구나

어쩌냐
그런데 나는,
보여줄 게 없는데

말매미

잔말은 집어치워라
내 납신 동안에는

드르륵 뜨르륵
온 동네를 휘젓더니

한 달도 못 버티고서
그 위세 간 곳 없다

마사토 (磨沙土)

우람한 저 바위도
그 속은 여리었나

한겨울 칼바람에도
꿋꿋하기만 하더니

남몰래
흘린 눈물이
이렇게나 쌓였구나

때죽나무

그 무슨 바램이
이리도 간절한지

작디작은 꽃등을
헬 수가 없습니다

하늘도
알았다는 듯
하얗게 웃습니다

꽃비

반가워요 손 흔들며
와르르 다가와서

꿈처럼, 언 가슴을
환하게 밝히더니

간다네
벌써 간다네
손도 잡지 못했는데

금광(金光) 호수에서

새벽안개 어슴푸레
꿈속을 오고가고

새끼 오리 몇 마리
금빛 햇살 자맥질에

홀로 선
고향 나그네
인기척을 못 하네

강산은 어우러질 뿐

영남이라 호남이라 이름표를 붙이고서
자기들 끼리끼리 애향가를 부르지만
섬진강 화개장터에는 너와 내가 없더라

강남에 산다 하고 강북에 산다 하고
서로 손가락질하면 위안이 될까마는
밤섬이 온갖 새들의 낙원이라 하더라

비행기에 오르면 아래를 내려다보라
오가는 사람들은 미물과 다름없고
강산이, 동서남북이 어우러져 흐를 뿐

개망초꽃

꽃이랄 것도 없어
이름까지 개망초꽃

아무데나 여기저기
눈길 한 번 못 받다가

한바탕 어우러지니
양귀비도 무색하다

금강송 나이테

여기 이 무늬 좀 봐
그냥 되는 일은 없어

비바람 눈보라에
거스르고 때론 눕고

사연을
켜켜이 적은
황금빛 수레바퀴

19번 국도*, 목련꽃

겨우내 여몄던 앞섶
살포시 열어야지

반길 임은 떠나고
빈 울안을 밝히지만

섬진강,
저만치에서
은빛 손을 흔드네

* 19번 국도 : 경상남도 남해에서 강원도 홍천까지 이어진 도로로, 하동, 구례를 지난다

3부

도시의 농부

도시의 농부

저 빌딩 옆 땅 한 평은
수천만 원 할 거란다

서너 평 고추심고
네댓 평엔 무 배추 갈고

어깨를 한 번 쭉 펴고서
득의만만한 저 농부

달동네를 지나면서

뉘 그린 솜씨인가 담벼락이 호사한다
그림 속 정원에는 장미가 곱기만 한데
노인들 주름진 얼굴은 무채색으로 바랬다

한 무리 젊은이들 목소리가 낭랑하다
무시로 눌러대는 칼칼한 셔터 울림에
목이 쉰 개 짖는 소리가 빈 골목을 맴돈다

달이 가까울수록 집들은 더 기울었다
카메라는 열심히 그 모습을 담는다만
고단한 주인의 그림자는 그냥 두고 떠났다

고물상

등이 굽은 노부부가
고물을 싣고 간다

그래도 저것들은
누구에게 팔릴 터

노부부 흘린 땀방울에
내 허명이 묻힌다

성묘

요즈음 성묘길이 점점 더 쓸쓸하다
그 많던 식구들은 어디로들 갔는지
성그는 머리카락처럼 막을 수가 없구나

큰 형과 장조카는 사사건건 부딪치고
서울 형, 기운 사업에 몸까지 편찮다나
한 집안 건사하는 일이 쉽지 않다 했던가

석축을 올려 쌓고 꽃나무도 둘러 심고
산소는 남 보기에 부끄럽지 않다마는
지하에 부모님의 넋도 편히 쉬고 계실지

고향 친구

객지에서 돌아와 까맣게 누웠더니
억새 같이 일어섰어 식구들 때문 일거야
버거운 미화원 일도 고향이라 좋다네

친구의 작은 키가 요즘 더 작아 보여
허리를 다쳤으니 좀 쉬어야 할 텐데
자식들 출가시키려면 일 더해야 한다네

친구는 아직도 날 과장이라 부르네
차장에 부장되고 퇴직까지 했다마는
그렇게 불러도 좋아 변함없는 마음이

섬

아들과의 이야기는 몇 발짝을 못 걷는다
아이는 문을 잠그고 나는 티브이를 켠다
이렇게 부자사이에 덤덤해도 괜찮다

아파트 이웃집이 누구인지 잘 모른다
어쩌다 마주치면 빈 인사를 나눌 뿐
이렇게 이웃사이에 무관심도 편하다

버스가 만원이라 살과 살이 맞닿는다
이어폰으로 귀를 막고 눈은 발끝에 두고
이렇게 흘러도 좋다, 제 갈 곳은 다 있다

이름 모를 섬들이 약속한 곳에 모인다
기이한 소리를 내며 욕구를 배설한다
이렇게 모일 때도 있다 무심하게 그렇게

도시의 밤

새들이 수런수런
아직 잠 못 드는거야

불빛도 저리 환하니
잠자린들 편하겠나

나라도
그만 불을 끄자,
저 새들을 위하여

문경새재 아리랑

굽이야 굽이굽이
이랑 길은 끝이 없고

철그렁 호미 날은
돌부리에 차이는데

집 떠난
아들 목소리가
환청으로 흐르네

비봉산에 올라

저 멀리 저수지 아래
옛 집을 떠올립니다

마음 속 깊숙한 방의
빗장을 풀려다가

갑자기
뜨거워지는 눈시울에
도로 걸어 둡니다

비정(非情)

한 남자가 큰길가에
엎드려 토하는데

무심한 행인들과
내달리는 자동차

도시는
그런 곳 아니냐
언젠가는 떠나고픈

서대문 독립공원에서

몇 시쯤 되었나요? 일곱 시 좀 넘었네요
숲이 참 좋아요, 여기 푸른 소나무들
노을은 핏빛 기억을 풀어 공원을 물들인다

바람은 오며 가며 미루나무에 머물어
형장(刑場)이 시구문(屍軀門)이 그 곳이라 하는데
한 무리 여인네들은 에어로빅에 흥겹다

얼음장 마룻바닥 피멍든 몸뚱이로도
더 푸르게 더 붉게 벼리고 타올랐을
열사(烈士)의 날선 영혼은 어디에서 쉬실까

어떤 휴식

매서운 눈보라에
잉잉 우는 송전선 위로

작은 새 날아와
지친 날개를 접더니

맨발로
언 줄을 잡고
한참을 쉬고 가네

한강 다리를 지나면서

산소와 수소로 만나
땅을 디딘 물방울들이

제 갈 길 달리다가
부서지고 휘어지다가

이곳을
함께 흐른다
웅장하게 흐른다

목멱산을 바라보며

오늘은 목멱산이 몸살을 앓는구나
뿌옇게 두른 근심 몸뚱이 천 근일 터
허억 헉 쉰 목소리에 메아리도 울지 않네

봉홧불 치올리며 당당했을 그 몸짓
상처가 깊다 하여 불씨까지 사위었으랴
천년을 벼리어 온 꿈 풀어 볼 날 있으리

4부

잎은 나무가 아니었다

잎은 나무가 아니었다

간밤의 비바람에
푸르던 잎이 다 졌다

바람은 더 매섭고
줄기는 활처럼 휜다

그렇다
줄기가 남았다
무색의 힘줄 같은

백세인생?

오늘은 시간이 많다
어제보다 여유 있다

그런데 시간이 없다
어제보다 쫓긴다

게으른 족속들에겐
더 줘봐야 모자란다

물증(物證)

빨랫감을 모아서 세탁기에 넣었다
그저께 입었었던 어저께 신었었던
지내온 시간을 보며 빙긋이 웃어본다

쌀통을 들여다보니 바닥이 드러났다
그저께 한 끼 먹고 어저껜 두 끼 먹고
비워낸 자리를 보며 어깨를 으쓱한다

이불을 펼쳐 털고 쓰레기를 내 놓았다
그저께 자고 난 것 어저께 쓰고 난 것
그렇게 지내왔구나, 별 할 말은 없지만

문자 자동완성 기능

기를 살리려 하는데
끼를 살려라로 찍히고

종신지우 하려는데
정신질환이 찍힌다

많이 간 길로 가란다
스마트한 방법으로

마름모에 앉다

새로 옮긴 사무실에
자리를 잡아본다

이리저리 앉아 봐도
비뚤기는 마찬가지

지금껏
직사각만 알고
마름모는 몰랐네

쓰레기

어찌 보면 산다는 건
쓰레기를 만드는 것

입고 먹고 자고하며
끝내는 죽을 때까지도

아니라
말하고 싶은 사람
있기는 할 테지만

거울 앞에서

오늘따라 네가 더
측은해 보이는구나

술에나 취해서야
네 모습을 본다마는

누구랴,
이렇게라도 가끔
바라봐 줄 사람이

가볍다

새벽 미명에 깨어 밥 한 술 뜨고 나와
퇴근 지문을 꾹 찍고 집으로 되돌아오니
그렇게 또 하루가 잘렸다 아무 일도 없었다

그저 그런 친구들과 소주나 기울이면서
마누라에 정치인에 잘난 놈 욕하다 보니
머리는 더 가벼워졌다, 벌써 또 연말이다

담쟁이

소나무를 감았던 담쟁이는
약이 되고

시멘트벽을 오른 담쟁이는
독이라는데

내 몸을 붙잡은 담쟁이는
약이 될까 독일까

어머니

새벽 잠결 속독속독
어머니의 도마소리

아이의 눈물방울을
가슴에 담으시나

이제는
꿈길에서나
그 품으로 깃든다

청소

모처럼 마음먹고
청소기를 돌린다

각질에 머리카락에
내 흔적이 볼썽없다

깨끗이
쓸어내고도
마음은 더 어지럽다

거울

주름 깊은 얼굴들이
황학동을 찾는다

어딘가 숨어있는
거울들을 찾아내고는

자기를 비춰보면서
환하게도 웃는다

똑바로 걷기

눈 감고 걸어보다
궁금해 돌아본다

똑바로 걸었다고
자신을 해보지만

오늘도
갈지자를 그렸다
헛웃음만 나온다

된서리

게을러도 기다리고
망나니짓 참아주고

이래도 저리 해도
내 편인 줄 알았는데

알싸한
채찍소리에
등골이 오싹하다

자유로부터의 도피

한 무리 참새 떼가 탱자 숲에 내렸다
깃털 속 붉은 가슴을 가시에 찔리면서도
저 넓은 하늘을 두고 멀리 날지 않았다

누군가 국회에서 최루탄을 터트렸다
독한 연기를 남기고 그 사람은 끌려가고
뒷길만 다니는 어떤 모습, 초라하게 겹쳤다

5부

삶과 죽음

삶과 죽음

장인어른 꽃상여로
고향 흙에 모셨다

간밤에 진 은행잎이
마당에 가득한데

오늘은
자식들이 함께
가을밭으로 나선다

하이힐 (high heel)

콧대를 높이 세우고
또각또각 오르더니

이리 되똑 저리 되똑
울상으로 내려온다

이제는
벗어야 할 듯,
맨발이 더 나을 듯

슈트리 (shoe tree)

아들이 선물이라고
슈트리를 사왔다

별나네 요즘 애들
그런데다 돈 들이고

신발이
의젓해졌다
그동안 미안했다

개떡

주뼛주뼛 건넨 것은
꺼칠한 개떡이었어

친구는 떠났어도
그 마음은 늘 남아서

가슴이 시린 겨울을
따스하게 감싼다

골프 인생

어깨를 추켜올리고
공을 노려본다마는

날아봤자 코앞이고
방향(方向)은 갈팡질팡

힘 좀 빼!
죽비소리에
십년공부 간 곳 없다

콜라텍

입던 옷 갈아입고
시장에 나왔습니다

긴 좌판에 앉아
팔릴 때를 기다리는데

누구도
손 내밀지 않네요
보잘 것 없나 봐요

로드킬 (roadkill)

들판을 밀어내고
산자락을 싹둑 잘라

쭉 뻗은 길을 내고
참 빨리들 달리네요

그런데,
저기 나뒹굴어진
목숨들은 어떡해요?

팔자(八字)

유모차에 하얀 개가
산책을 나서는데

골목길에 지친 개는
쓰레기를 뒤적인다

모른 척
뒤돌아서도
마음이 편치 않다

해설

시조 창작의 모범을 보이다

지성찬 시인

우도환 시인의 시조를 읽으면서 많은 생각을 하게 되었다. 그 이유는 짧은 문단활동에도 불구하고 이렇게 좋은 시조를 창작할 수 있는가 하는 의문에서다. 우도환의 시조를 대하면서 문장의 기본기가 가장 중요하다는 사실을 다시 한 번 확인할 수 있었다. 모든 문장에서 가장 중요한 것은 문장의 시작에서 마침에 이르기까지 내용의 흐름이 막힘 없이 이어지고 그 내용이 일관되게 통일되어야 하고, 그 내용이 명확하게 표현되어야 하며, 시조는 정형시로서 시조를 창작할 때에 반드시 그 형식을 지켜야 한다는 것이다. 이 두 가지를 확립하지 아니한 시조 창작은 어설픈 수준에 머물러 결코 발전할 수 없다. 오랜 세월을 두고 시조창작을 해온 원로 중진들의 시조 작품 가운데서도 문장의 문맥이 끊겨지는 것이 다반사요, 시조의 삼장(三章)을 그저 세 줄로 늘어놓는 경우가 허다함을 보게 된다.

많은 시인들의 경우에서 보면 강한 시적표현을 통해서 자기의 목소리를 높이고저 하는데 시조 창작에서 보면 이는 오히려 역효과를 내는 것이 보통이다.

오히려 나직한 목소리가 독자의 심금을 울린다. 이호우의 <달밤>이나 유치환의 <춘신>을 보면 이를 잘 증명해 주고 있다.

낙동강 빈 나루에 달빛이 푸릅니다.
무엔지 그리운 밤 지향 없이 가고파서
흐르는 금빛노을에 배를 맡겨 봅니다.
(이호우의 <달밤> 중에서)

꽃등인양 창 앞에 한 그루 피어오른
살구꽃 연분홍 그늘 가지 새로
작은 멧새 하나 찾아와 무심히 놀다가나니
(유치환의 <춘신> 중에서)

위의 두 작품의 공통점은 누구나 쉽게 읽을 수 있고 이해하기 쉽다는 것이다.

톨스토이가 활동하던 시대에도 어려운 문장을 선호했던 사람들이 많았던지 톨스토이가 문장은 쉽게 써야한다고 역설했다.

위의 여러 가지 조건을 충족하더라도 깨끗하면서도 섬세한 마음의 눈으로 세상을 바라보는 안목이 있어야 좋은 시적 결과물을 얻을 수 있다고 본다. 우도환 시인의 모든 작품에서 위의 조건을 충족하고 있음을 확인할 수 있었다. 필자의 눈에 섬큼 들어온 작품이 우전차(雨前茶)였다.

조그만 찻잔에다
따뜻한 물을 붓는다

잠자던 이파리가
파랗게 살아나서

잊었던
봄날의 꿈을
하나 둘 피워낸다

초장에서 시심(詩心)의 실오래기를 끌어내어 올리고, 중장에서 내용을 확장 전개하며 종장에서는 분위기를 반전시키면서 과거의 정서를 불러와 결론을 내리는데 문장의 흐름이 자연스럽게 흘러가고 초장 중장 종장의 역할분담을 확실히 하였다. 그 표현 또한 평이하지만 품격을 높여서 시조로서 성공한 모습을 보여주고 있다.

작은 차 한 잔을 통해서 인생을 조명하는 것이 결코 쉬운 작업이 아니다. 인생을 논할 때에는 거창한 철학을 들먹이는 것이 보통인데 우 시인은 그 작은 현상을 통해서 인생을 조명하며 표현하고 있다. 시적표현에서는 작은 현상을 통해서 보다 큰 인생의 의미를 표현하는 것이 하나의 좋은 표현기법이기도 하다. 이 작품을 통해서 우 시인의 성품과 능력을 짐작할 수 있다.

세상을 살아가면서 가장 소중하게 여겨할 것이 가족관계이다. 그 중에서도 부모가 차지하는 비중이 가장 크다고 할 수 있다. 특히 어머니는 누구에게나 소중한 분이며 그

정을 잊지 못해서 그리워하는 것이 인지상정이다.

우 시인은 <꽃밭에서>라는 작품에서 어머니에 대한 그리움을 분위기적 표현기법으로 잘 표현하고 있다.

채송화 백일홍에
분꽃에 맨드라미

수수한 모습에다
향기랄 것도 없지만

넌지시
건네는 미소에
어머니가 보인다
(<꽃밭에서> 전문)

위 시조에서 초장에는 평범한 꽃들을 앉혀놓고, 중장에는 '수수한' 형용사로, 종장에는 '미소' '어머니'를 삽입하여 전체적인 분위기를 통해서 어머니에 대한그리움을 표현하고 있는데, 이는 고도의 계산된 표현기법으로서 이해되어야 할 것이다. 시적표현의 가장 효

과적인 표현기법이 분위기적 표현기법인데 이를 잘 활용하고 있음을 볼 수 있다.

또한 아버지에 대한 시조도 이와 같은 표현기법으로 잘 표현하고 있음을 아래의 시조에서 확인할 수 있다.

저기 느티나무가
그런 줄 몰랐어요

늘 멀찍이 서있어
무덤덤한 줄 만 알았지

어느 날
한꺼번에 저리
타오를 줄 몰랐어요.
(<아버지> 전문)

위의 작품에서의 특징은 초장과 종장에 '몰랐어요'를 반복하여 내용을 강조하였으며 종장의 '한꺼번에 저리 타오를 줄 몰랐다'는 강렬한 표현을 도입하여 이 작품을 더욱 돋보이게 하였다.

우도환 시인이 관심을 갖는 분야는 매우 다양하지만 그늘지고 소외된 계층에도 카메라의 앵글을 맞추고 있다. 겸손한 마음의 자세가 확립되어야만 이러한 사회적 현실에 접근할 수 있으며 이를 통해서 이웃을 사랑하는 계기를 만들 수 있을 것이다. 이러한 따뜻한 마음은 우 시인의 생활에서도 볼 수 있다. 냄비에 물이 끓듯이 하는 행동이 아니라 천천히 그리고 꾸준히 변함없는 자기의 보폭으로 자기의 길을 가고 있다. 그의 완벽하고도 따뜻한 정이 자연적으로 유로되는 것을 보아 왔다.

이러한 그의 성격과 품성이 그대로 그의 작품에 투영되고 있다. 그의 시조가락의 보폭은 빠르지도 않고 또 결코 느리지도 않다. 오히려 느긋하다는 말이 적합할 것이다.

그의 작품 곳곳에 배어있는 그의 품성을 볼 때에 시조 창작은 인격의 완성이라는 데에 이르게 된다. 인격의 완성은 자기를 돌아보는 것에서부터 출발한다.

자기 성찰은 바로 본인의 가치관에서 비롯된다.

소나무를 감았던 담쟁이는
약이 되고

시멘트벽을 오른 담쟁이는
독이라는데

내 몸을
붙잡은 담쟁이는
약이 될까 독일까
(<담쟁이> 전문)

우 시인의 <담쟁이>에서 담쟁이는 '우 시인을 에워싸고 있는 인연의 끈'이 아닌가 생각된다. 많은 사람들과의 관계에서 많은 문제가 발생하고 그로 인해서 많은 번민을 하는 것이 보통이다. 항시 자기를 돌아보며 생활의 방향을 고쳐 잡아가는 그의 모습을 보게 된다.

우 시인이 현실을 적확하게 진단하고 파악하는 능력을 그의 작품 <쓰레기>에서 확인할 수 있다.

어찌 보면 산다는 건
쓰레기를 만드는 것

입고 먹고 자고하며
끝내는 죽을 때까지도

아니라
말하고 싶은 사람
있기는 할 테지만
(<쓰레기> 전문)

사람이 이 세상에 와서 오랜 세월 살다가 갈 때는 모든 것을 다 두고 몸만 홀로 떠나는데 그 간에 만든 것은 어찌 보면 쓰레기뿐이라고 할 수 있다. 현실을 잘 직시한 결과물의 표현이다. 사람들은 보편적으로 착각 속에서 살아가는 것이 보통이다. 부동산도, 귀금속도, 은행의 예금도 모두 자기의 소유로 착각하는 것이다. 세상의 어느 누구도 이 세상의 것을 소유할 수 없다. 그럼에도 불구하고 우리는 이 사실을 절실하게 느끼지 못하고 살아간다.

사람이 세상에 태어난 것은 행복해지기 위

해서다. 즉 사람과 사람 사이에서 행복을 추구하며 살아야 한다는 것이다. 행복은 사랑을 이웃에게 베풀어야 자기가 행복해질 수 있다. 사람들은 이 세상의 것들을 많이 차지하고 이것을 자기 집에 잔뜩 들여놓고 높은 담을 쌓아서 홀로 집에 앉아 이것들을 지키는 것이 행복이라고 생각한다. 이웃과 차단된 높은 담장에 둘러싸인 집에 홀로 앉아 있는 것은 스스로 지옥에 앉아있는 삶이다. 이웃과 단절된 삶이 지옥이다.

지옥은 마치 '어느 무인도에 좋은 집이 있고, 거기에 좋은 옷, 좋은 음식, 각종 금은보화가 가득한 가운데 홀로 사는 곳'이 지옥이다.

우 시인은 <행복마트>에서 행복에 대한 자기의 생각을 펼치고 있다

오가는 이웃들과
행복을 나누자고

따뜻한 마음으로
저 가게를 열었겠지

주인은 어디 갔을까
세 놓는다
써놓고
(<행복마트> 전문)

천상병 시인은 <귀천>에서 인생은 소풍이라고 표현하였다. 소풍 가는 사람은 집도 돈도 필요치가 않다. 우 시인은 인생은 "잠시 세 들다 가는 인생'이라고 말하고 있다. 세든 사람은 그 건물이 자기 것이 아니니 언제고 마음 편하게 떠날 수 있다. 인생은 모든 것을 빌려서 쓰다가 다시 되돌려 주고 간다. 누가 말하기를 큰 빌딩을 소유한 사람은 죽을 때 눈을 감을 수 없다고 한다. 모든 인생은 이 지구에 잠시 세 들어 살다가 온 곳으로 다시 돌아간다. 삼라만상의 부침과 변화가 참으로 오묘하고 그 운행이 절묘하게 돌아가는 것을 보면 경악을 금할 수 없다.

우 시인은 회사생활을 청산하고 보다 행복한 후반기의 인생을 시작하고 있다. 예술활동에 전념하는 우 시인이 쌓아올릴 예술적 업적을 가늠할 수 있는 그의 능력과 잠재력을 이번 상재하는 시조집 『행복마트』에서 확인할 수 있을 것이다. 좋은 나무가 좋은 열매를 맺는다고 하였으니 우도환 시인의 앞날에 빛나는 영광이 있을 것으로 믿는다.